ISBN 9788411744362 © Fútbol Rocks, 2023

Impresión y editorial: BoD – Books on Demand
info@bod.com.es – www.bod.com.es
Impreso en Alemania – Printed in Germany

¿CUÁNTO SABES DEL BARCELONA?

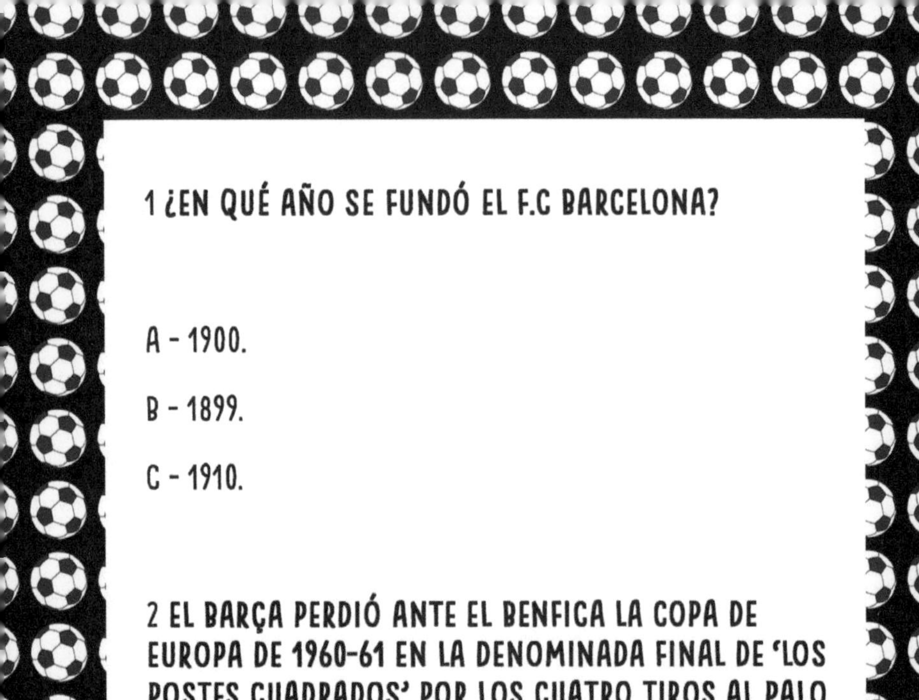

1 ¿EN QUÉ AÑO SE FUNDÓ EL F.C BARCELONA?

A – 1900.

B – 1899.

C – 1910.

2 EL BARÇA PERDIÓ ANTE EL BENFICA LA COPA DE EUROPA DE 1960-61 EN LA DENOMINADA FINAL DE 'LOS POSTES CUADRADOS' POR LOS CUATRO TIROS AL PALO DE LOS ESPAÑOLES. ¿CÓMO TERMINÓ AQUEL PARTIDO?

A – 3-2.

B – 2-1.

C – 2-0.

3 ¿CUÁL FUE LA PRIMERA PAREJA DE HERMANOS EN GANAR UN TÍTULO EN LA COPA?

A – RONALD Y FRANK DE BOER.

B – MICHÁEL Y BRIAN LAUDRUP.

C – GARY Y PHIL NEVILLE.

4 EL BARCELONA FUE EL PRIMER EQUIPO EN GANAR LA COPA TRAS DOS FINALES PERDIDAS. DERROTÓ A LA SAMPDORIA 1-0 EN LA 1991-92. ¿QUIÉN ANOTÓ EL GOL?

A - HRISTO STOICHKOV.

B - JOSÉ MARI BAKERO.

C - RONALD KOEMAN.

5 ¿SOBRE QUÉ FIRMÓ MESSI SU PRIMER CONTRATO CON EL BARCELONA CUANDO TENÍA APENAS 12 AÑOS?

A - UN BILLETE DE TREN.

B - UNA SERVILLETA.

C - UNA CAMISETA BLANCA.

6 ¿CUÁNDO NACIÓ EL CRACK LEO MESSI?

A - 24 DE JUNIO DE 1987.

B - 24 DE JUNIO DE 1986.

C - 24 DE JULIO DE 1987.

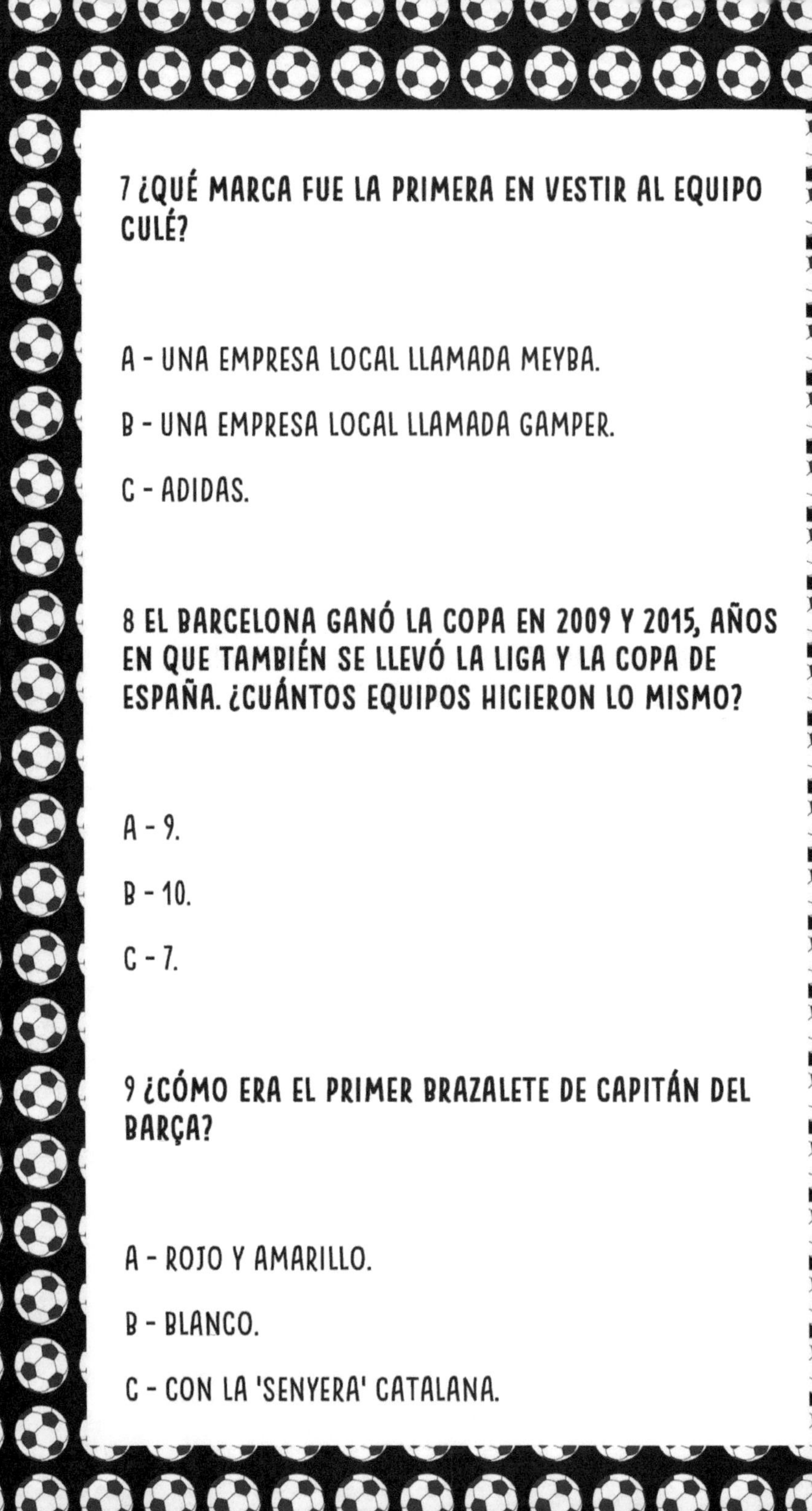

7 ¿QUÉ MARCA FUE LA PRIMERA EN VESTIR AL EQUIPO CULÉ?

A – UNA EMPRESA LOCAL LLAMADA MEYBA.

B – UNA EMPRESA LOCAL LLAMADA GAMPER.

C – ADIDAS.

8 EL BARCELONA GANÓ LA COPA EN 2009 Y 2015, AÑOS EN QUE TAMBIÉN SE LLEVÓ LA LIGA Y LA COPA DE ESPAÑA. ¿CUÁNTOS EQUIPOS HICIERON LO MISMO?

A – 9.

B – 10.

C – 7.

9 ¿CÓMO ERA EL PRIMER BRAZALETE DE CAPITÁN DEL BARÇA?

A – ROJO Y AMARILLO.

B – BLANCO.

C – CON LA 'SENYERA' CATALANA.

10 ¿QUIÉN PASÓ A LA HISTORIA COMO EL 'GRAN CAPITÁN' DEL BARÇA?

A - SEGARRA.

B - PUYOL.

C - KUBALA.

11 ¿QUIÉN ES EL ÚLTIMO ENTRENADOR DEL BARÇA QUE FUE TAMBIÉN CAPITÁN?

A - CRUYFF.

B - GUARDIOLA.

C - LUÍS ENRIQUE.

12 ¿CUÁNTOS AÑOS TENÍA ANSU FATI CUANDO EL BARÇA LEVANTÓ SU PRIMERA COPA DE EUROPA?

A - NO HABÍA NACIDO.

B - UN AÑO.

C - DOS AÑOS.

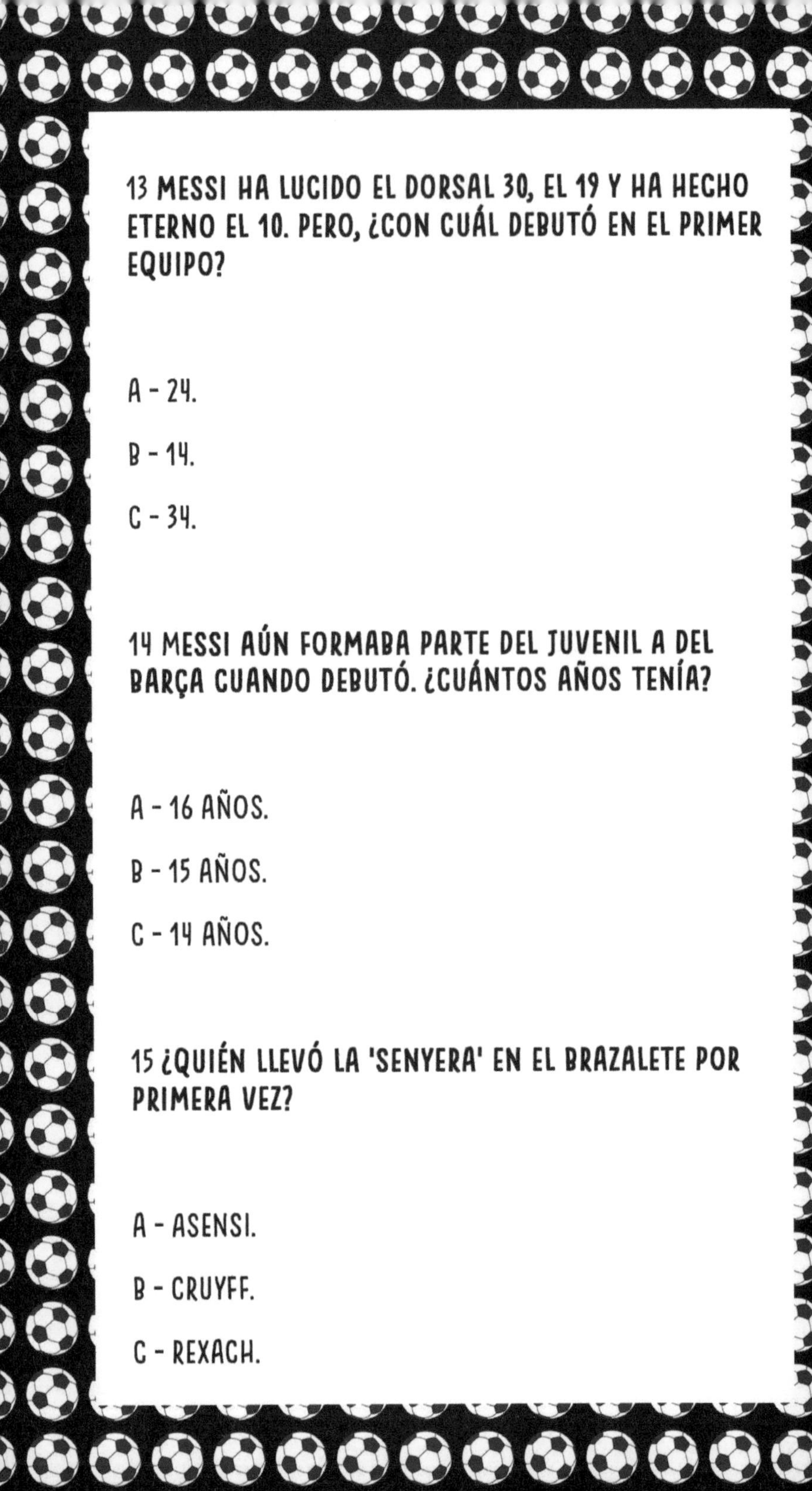

13 MESSI HA LUCIDO EL DORSAL 30, EL 19 Y HA HECHO ETERNO EL 10. PERO, ¿CON CUÁL DEBUTÓ EN EL PRIMER EQUIPO?

A - 24.

B - 14.

C - 34.

14 MESSI AÚN FORMABA PARTE DEL JUVENIL A DEL BARÇA CUANDO DEBUTÓ. ¿CUÁNTOS AÑOS TENÍA?

A - 16 AÑOS.

B - 15 AÑOS.

C - 14 AÑOS.

15 ¿QUIÉN LLEVÓ LA 'SENYERA' EN EL BRAZALETE POR PRIMERA VEZ?

A - ASENSI.

B - CRUYFF.

C - REXACH.

16 ¿QUÉ DEPORTISTA FUNDÓ EL FC BARCELONA?

A - CÉSAR.

B - PAULINO ALCÁNTARA.

C - HANS GAMPER.

17 ¿QUÉ JUGADOR HA DISPUTADO MAS CLÁSICOS? (A FECHA 2023)

A - BUSQUETS.

B - PIQUÉ.

C - BENZEMÁ.

18 ¿QUIÉN NO MARCÓ NINGÚN GOL EN EL 2-6 DE 2009?

A - MESSI.

B - HENRI.

C - SAMUEL ETO'O.

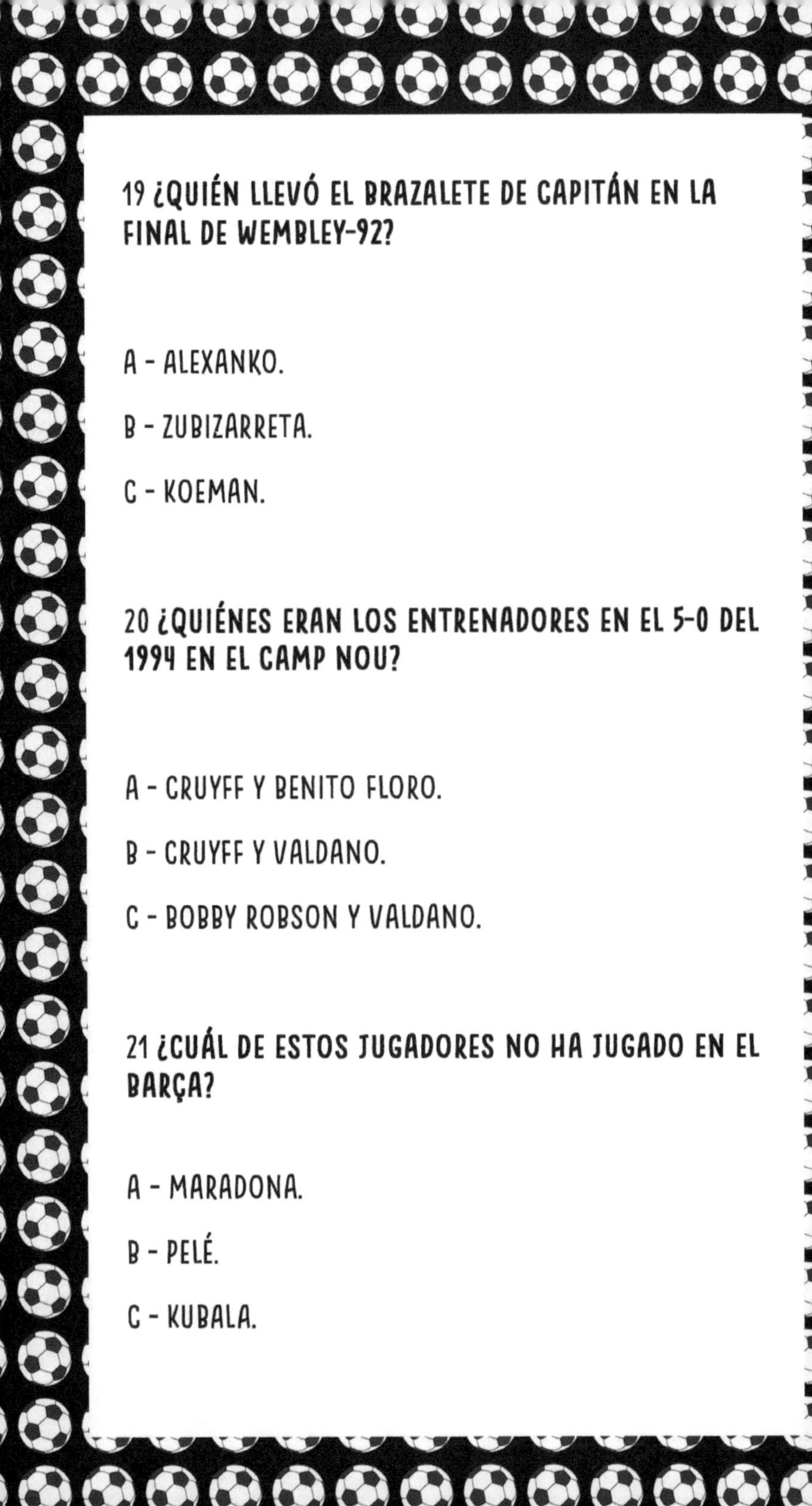
19 ¿QUIÉN LLEVÓ EL BRAZALETE DE CAPITÁN EN LA FINAL DE WEMBLEY-92?

A - ALEXANKO.

B - ZUBIZARRETA.

C - KOEMAN.

20 ¿QUIÉNES ERAN LOS ENTRENADORES EN EL 5-0 DEL 1994 EN EL CAMP NOU?

A - CRUYFF Y BENITO FLORO.

B - CRUYFF Y VALDANO.

C - BOBBY ROBSON Y VALDANO.

21 ¿CUÁL DE ESTOS JUGADORES NO HA JUGADO EN EL BARÇA?

A - MARADONA.

B - PELÉ.

C - KUBALA.

22 EN CASTELLANO EL LEMA DEL BARÇA ES:

A - TODO EL CAMPO ES UN CLAMOR.

B - MÁS QUE UN CLUB.

C - ALGO MÁS QUE FÚTBOL.

23 ¿QUIÉN ES EL JUGADOR QUE MÁS PARTIDOS HA DIS-
PUTADO EN LA CHAMPIONS LEAGUE CON EL FC BARCE-
LONA?

A - XAVI.

B - LEO MESSI.

C - ANDRÉS INIESTA.

24 ¿CONTRA QUÉ EQUIPO DEBUTÓ EL FC BARCELONA EN
LA COPA DE EUROPA?

A - AJAX DE AMSTERDAM.

B - ROTTERDAM.

C - CDNA SOFIA.

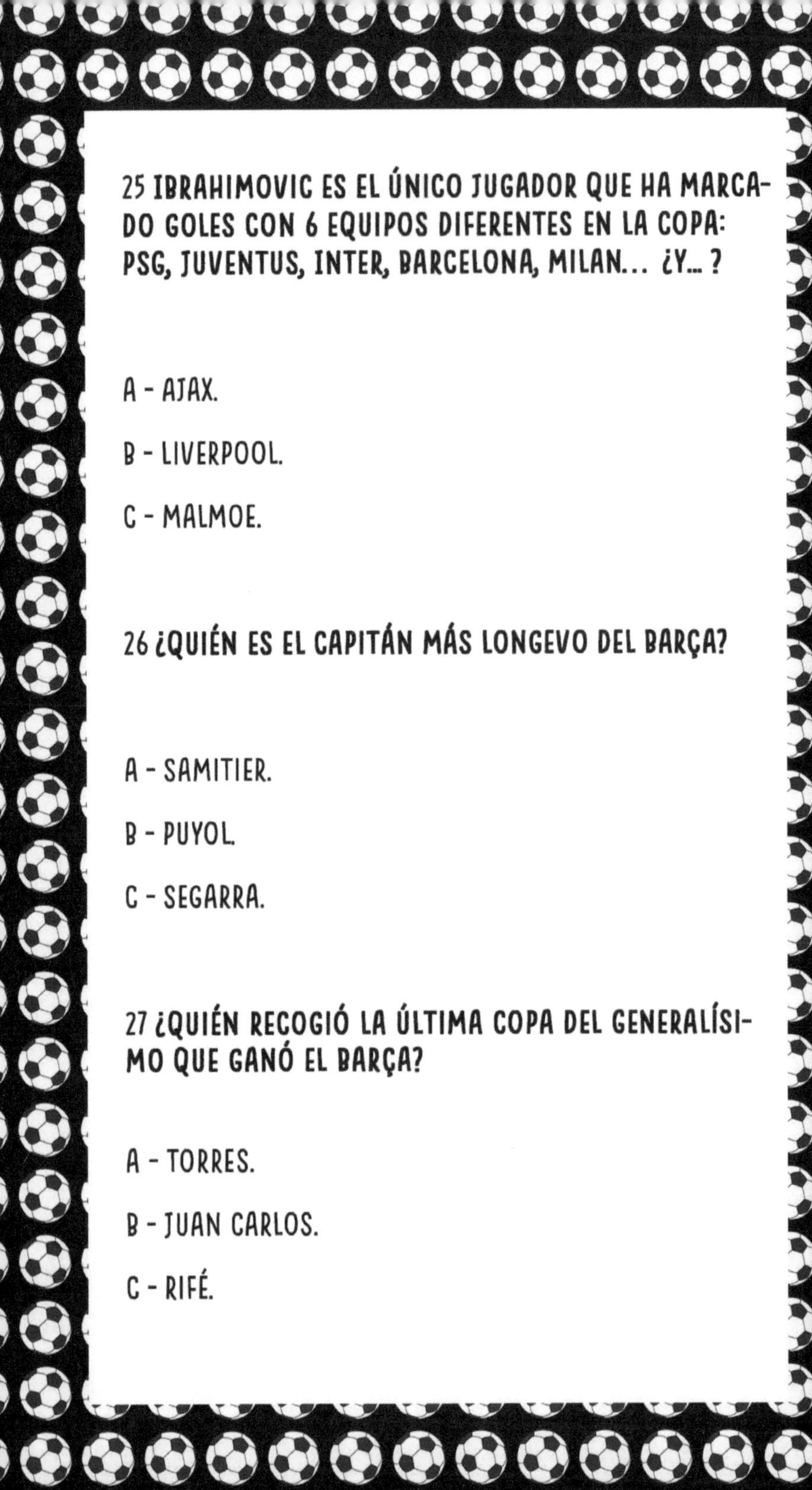

25 IBRAHIMOVIC ES EL ÚNICO JUGADOR QUE HA MARCA-
DO GOLES CON 6 EQUIPOS DIFERENTES EN LA COPA:
PSG, JUVENTUS, INTER, BARCELONA, MILAN... ¿Y... ?

A - AJAX.

B - LIVERPOOL.

C - MALMOE.

26 ¿QUIÉN ES EL CAPITÁN MÁS LONGEVO DEL BARÇA?

A - SAMITIER.

B - PUYOL.

C - SEGARRA.

27 ¿QUIÉN RECOGIÓ LA ÚLTIMA COPA DEL GENERALÍSI-
MO QUE GANÓ EL BARÇA?

A - TORRES.

B - JUAN CARLOS.

C - RIFÉ.

28 ¿CON CUÁNTOS DORSALES DIFERENTES HA JUGADO MESSI EL CLÁSICO?

A – 4.

B – 3.

C – 1.

29 ¿CUÁNTOS JUGADORES SE PRESENTARON AL ANUNCIO PUBLICADO POR JOAN GAMPER EN EL PERIÓDICO PARA LA CREACIÓN DE UN CLUB DE FÚTBOL (EL FUTURO FC BARCELONA)?

A – 200 JUGADORES.

B – 11 JUGADORES.

C – 51 JUGADORES.

30 ¿QUÉ DORSAL LUCE ANSU FATI CON EL PRIMER EQUIPO?

A – 31.

B – 30.

C – 32.

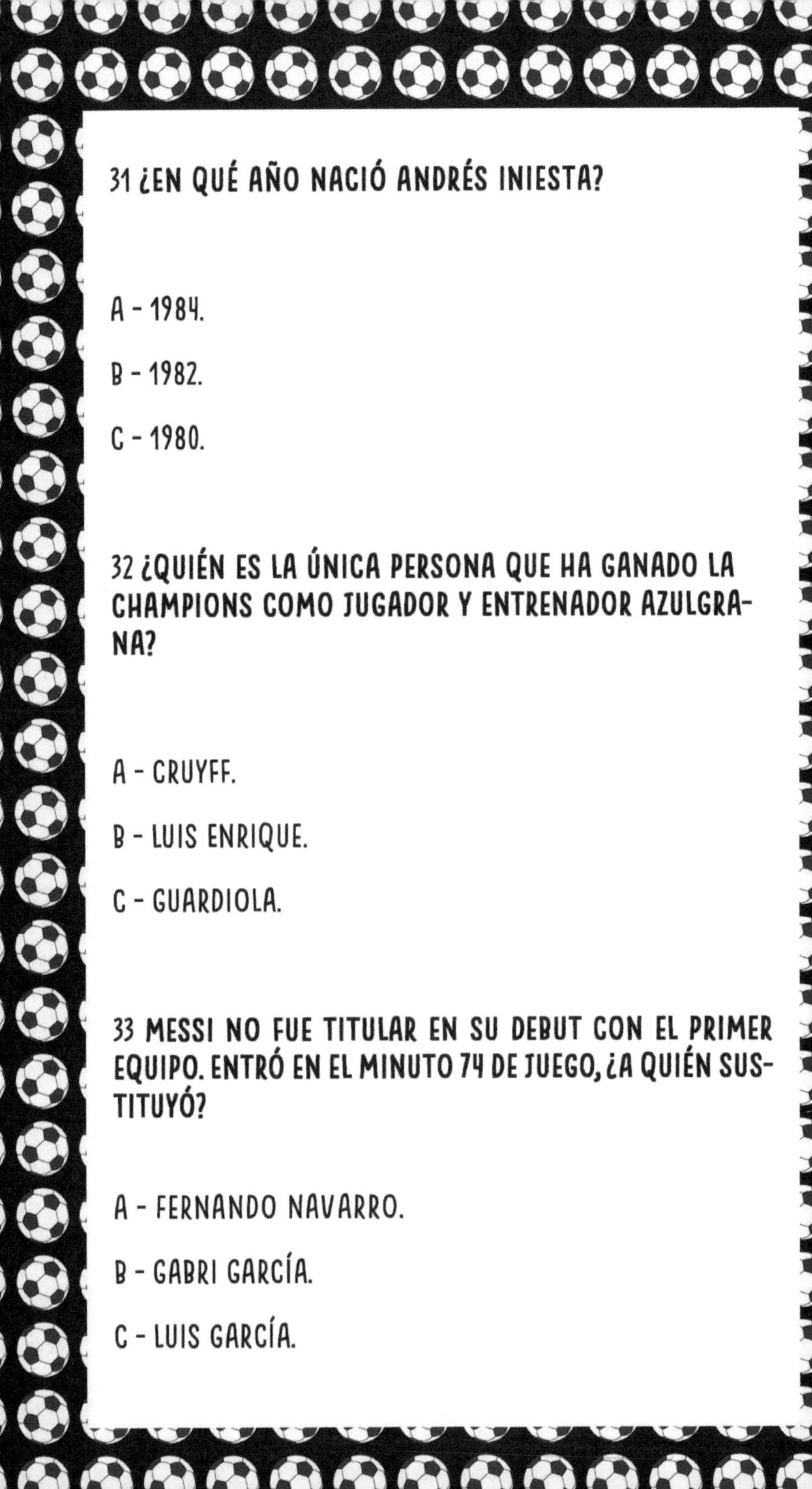

31 ¿EN QUÉ AÑO NACIÓ ANDRÉS INIESTA?

A – 1984.

B – 1982.

C – 1980.

32 ¿QUIÉN ES LA ÚNICA PERSONA QUE HA GANADO LA CHAMPIONS COMO JUGADOR Y ENTRENADOR AZULGRANA?

A – CRUYFF.

B – LUIS ENRIQUE.

C – GUARDIOLA.

33 MESSI NO FUE TITULAR EN SU DEBUT CON EL PRIMER EQUIPO. ENTRÓ EN EL MINUTO 74 DE JUEGO, ¿A QUIÉN SUSTITUYÓ?

A – FERNANDO NAVARRO.

B – GABRI GARCÍA.

C – LUIS GARCÍA.

34 ¿EN QUÉ AÑO FUE PRESENTADO JORDI ALBA COMO JUGADOR DEL FC BARCELONA?

A - 2012.

B - 2010.

C - 2013

35 ¿CUÁL ES EL PORTERO QUE TIENE MÁS ZAMORAS GANADOS CON EL CLUB?

A - ZUBIZARRETA.

B - VÍCTOR VALDÉS.

C - ANTONI RAMALLETS.

36 ¿EN QUÉ AÑO SE REALIZO LA PRIMERA EDICIÓN DEL TROFEO JOAN GAMPER?

A - 1947.

B - 1966.

C - 1974.

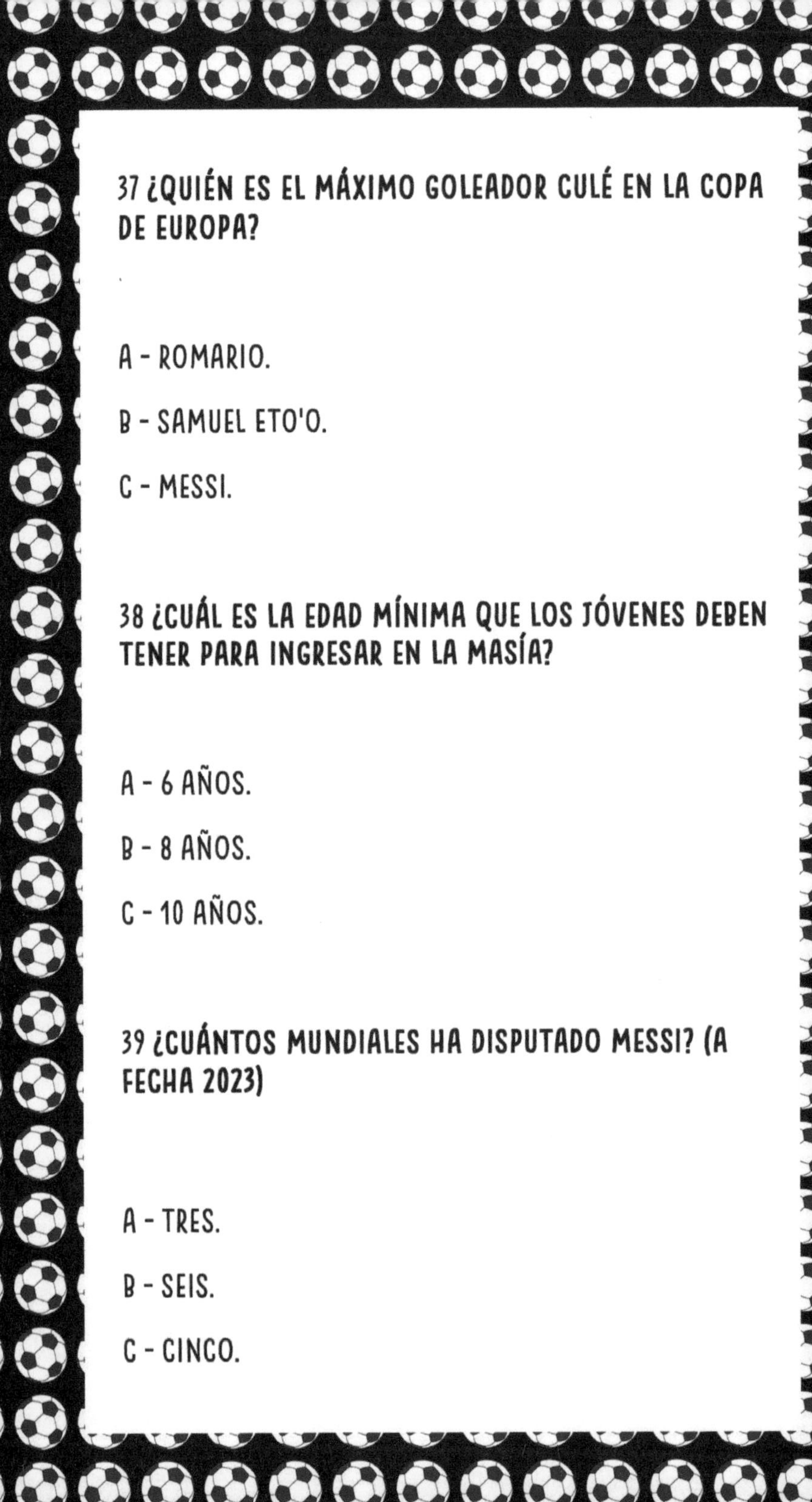

37 ¿QUIÉN ES EL MÁXIMO GOLEADOR CULÉ EN LA COPA DE EUROPA?

A - ROMARIO.

B - SAMUEL ETO'O.

C - MESSI.

38 ¿CUÁL ES LA EDAD MÍNIMA QUE LOS JÓVENES DEBEN TENER PARA INGRESAR EN LA MASÍA?

A - 6 AÑOS.

B - 8 AÑOS.

C - 10 AÑOS.

39 ¿CUÁNTOS MUNDIALES HA DISPUTADO MESSI? (A FECHA 2023)

A - TRES.

B - SEIS.

C - CINCO.

40 LA PRIMERA BANDERA QUE TUVO EL BARÇA TENÍA LAS RAYAS...

A - VERTICALES.

B - HORIZONTALES.

C - EN DIAGONAL.

41 ¿QUÉ RESULTADO HIZO BESAR SU BRAZALETE DE CAPITÁN A PUYOL TRAS MARCAR UN GOL EN EL SANTIAGO BERNABÉU EN EL 2009?

A - 0-5.

B - 2-6.

C - 2-7.

42 ¿EN QUÉ PAÍS NACIÓ LUÍS SUÁREZ?

A - ARGENTINA.

B - CHILE.

C - URUGUAY.

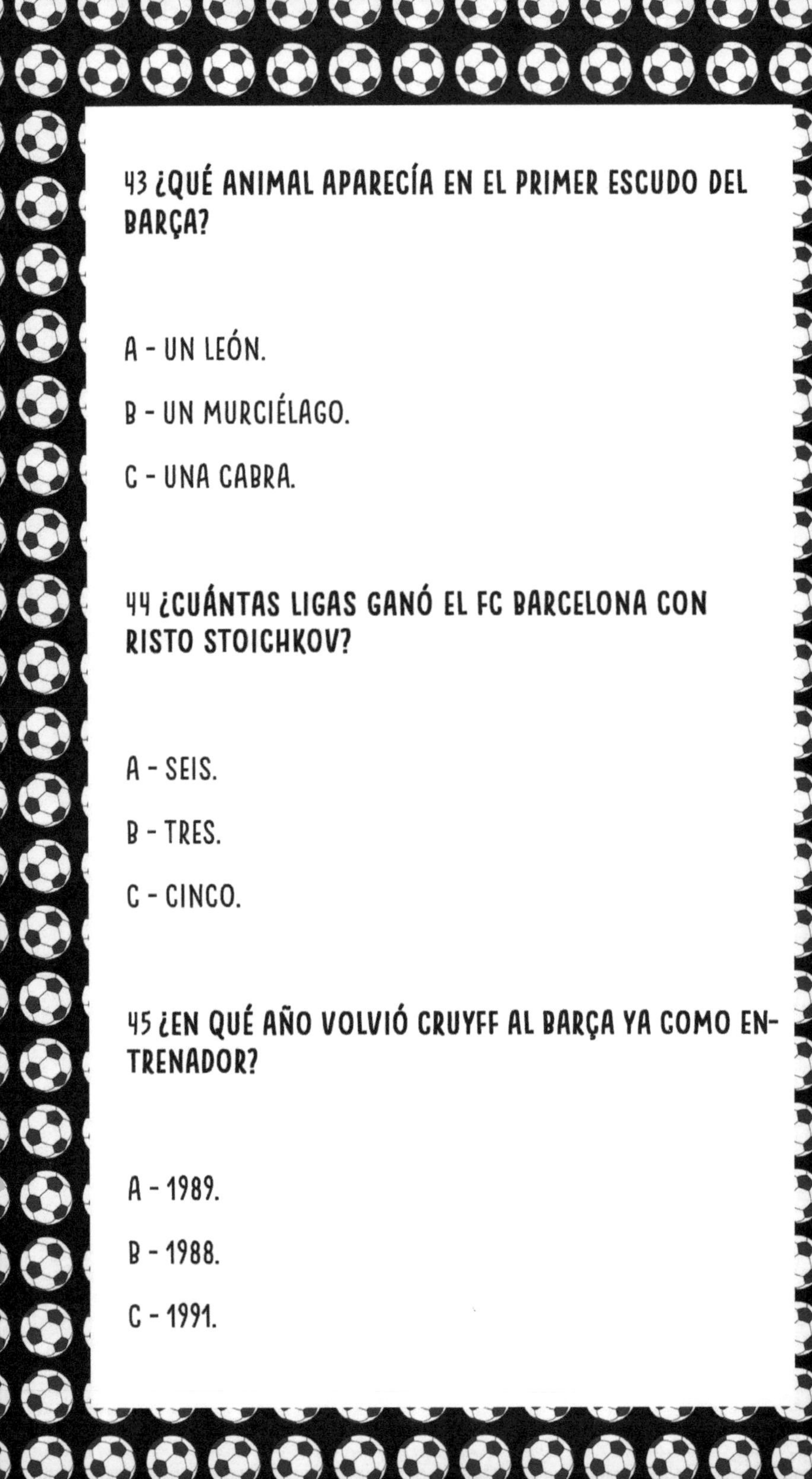

43 ¿QUÉ ANIMAL APARECÍA EN EL PRIMER ESCUDO DEL BARÇA?

A - UN LEÓN.

B - UN MURCIÉLAGO.

C - UNA CABRA.

44 ¿CUÁNTAS LIGAS GANÓ EL FC BARCELONA CON RISTO STOICHKOV?

A - SEIS.

B - TRES.

C - CINCO.

45 ¿EN QUÉ AÑO VOLVIÓ CRUYFF AL BARÇA YA COMO ENTRENADOR?

A - 1989.

B - 1988.

C - 1991.

46 ¿QUÉ ENTRENADOR DEL BARÇA DIJO ESTA FRASE:
"GANAREMOS SIN BAJAR DEL AUTOCAR"?

A - HELENIO HERRERA.

B - JOHAN CRUYFF.

C - RADOMIR ANTIC.

47 ¿EN QUÉ CIUDAD CONQUISTÓ EL BARÇA LA SEGUNDA
COPA DE EUROPA?

A - MILAN.

B - PARÍS.

C - MADRID.

48 ¿Y POR CUÁNTO VENCIÓ EN ESE PARTIDO?

A - POR 2-1.

B - POR 3-1.

C - POR 1-0.

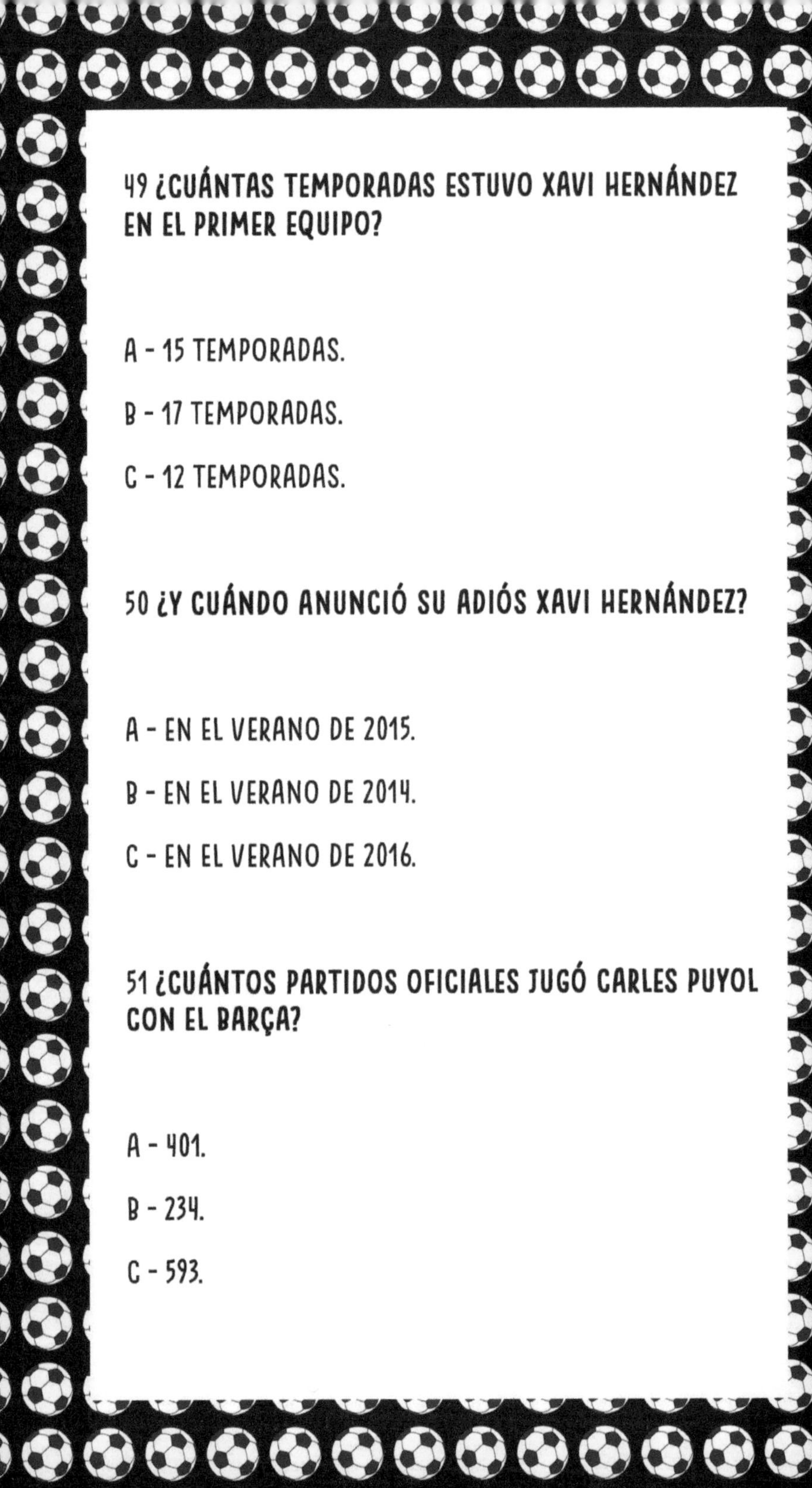

49 ¿CUÁNTAS TEMPORADAS ESTUVO XAVI HERNÁNDEZ EN EL PRIMER EQUIPO?

A - 15 TEMPORADAS.

B - 17 TEMPORADAS.

C - 12 TEMPORADAS.

50 ¿Y CUÁNDO ANUNCIÓ SU ADIÓS XAVI HERNÁNDEZ?

A - EN EL VERANO DE 2015.

B - EN EL VERANO DE 2014.

C - EN EL VERANO DE 2016.

51 ¿CUÁNTOS PARTIDOS OFICIALES JUGÓ CARLES PUYOL CON EL BARÇA?

A - 401.

B - 234.

C - 593.

52 ¿CÓMO SE LE LLAMABA A RICARDO ZAMORA?

A - EL DEMONIO.

B - EL ÁNGEL.

C - EL DIVINO.

53 ¿CUÁNTOS ENTRENADORES HA TENIDO JORDI ALBA EN EL PRIMER EQUIPO?

A - TRES.

B - CINCO.

C - DOS.

54 ¿EN QUÉ AÑO LLEGÓ AL BARCELONA LADISLAO KUBALA?

A - EN EL AÑO 1950.

B - EN EL AÑO 1955.

C - EN EL AÑO 1945.

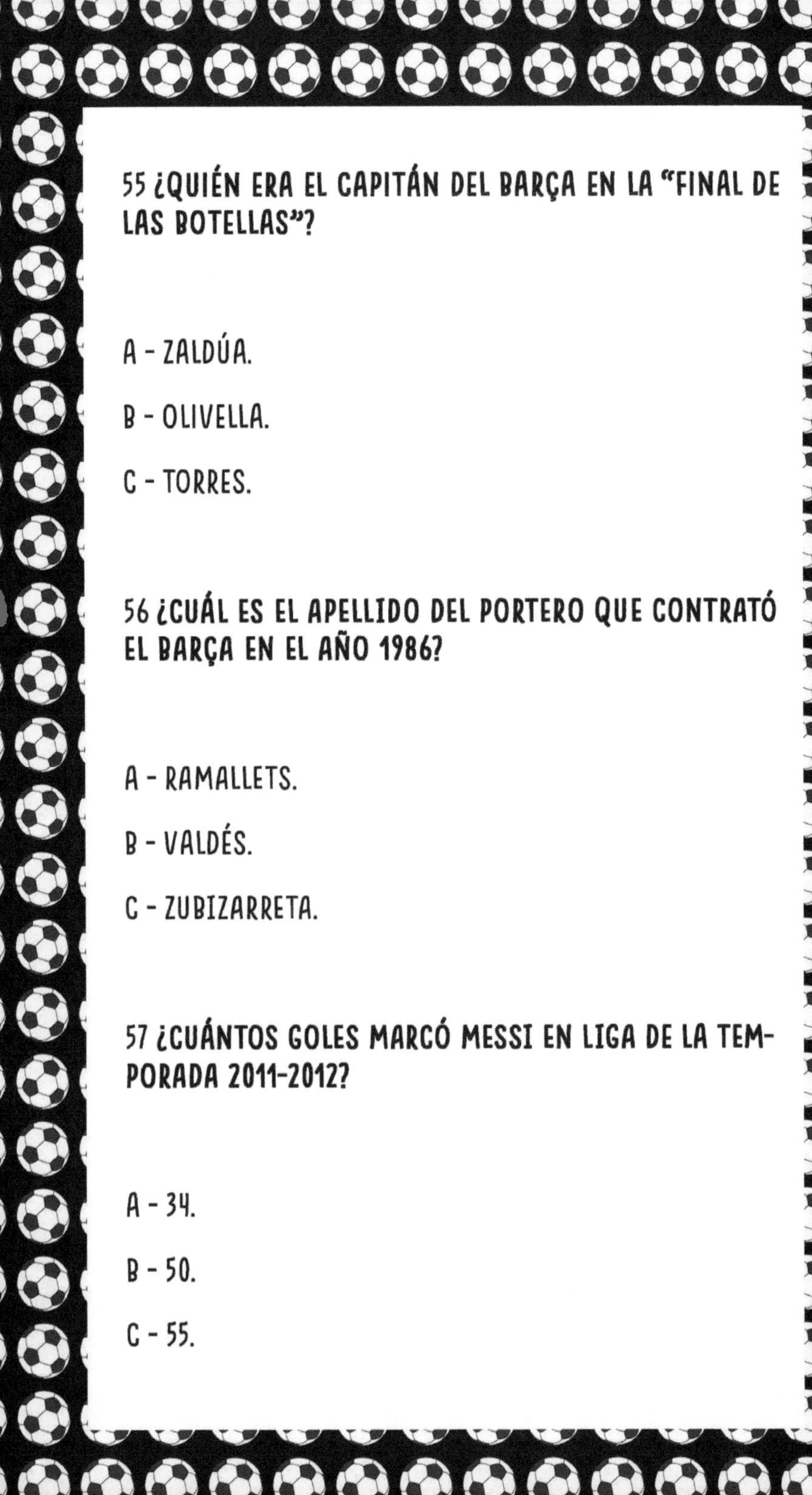

55 ¿QUIÉN ERA EL CAPITÁN DEL BARÇA EN LA "FINAL DE LAS BOTELLAS"?

A - ZALDÚA.

B - OLIVELLA.

C - TORRES.

56 ¿CUÁL ES EL APELLIDO DEL PORTERO QUE CONTRATÓ EL BARÇA EN EL AÑO 1986?

A - RAMALLETS.

B - VALDÉS.

C - ZUBIZARRETA.

57 ¿CUÁNTOS GOLES MARCÓ MESSI EN LIGA DE LA TEMPORADA 2011-2012?

A - 34.

B - 50.

C - 55.

58 ¿EN QUÉ FECHA SE INAUGURA EL PRIMER ESTADIO
DEL BARCELONA?

A – 20 DE MAYO DE 1922.

B – 20 DE ABRIL DE 1905.

C – 30 DE NOVIEMBRE DE 1899.

59 ¿CUÁL ES EL APODO DE PUYOL?

A – EL MELENUDO.

B – TARZÁN.

C – EL INSUPERABLE.

60 ¿Y EL APODO DE MESSI?

A – LA PULGA.

B – EL ARGENTINO.

C – LA HORMIGA.

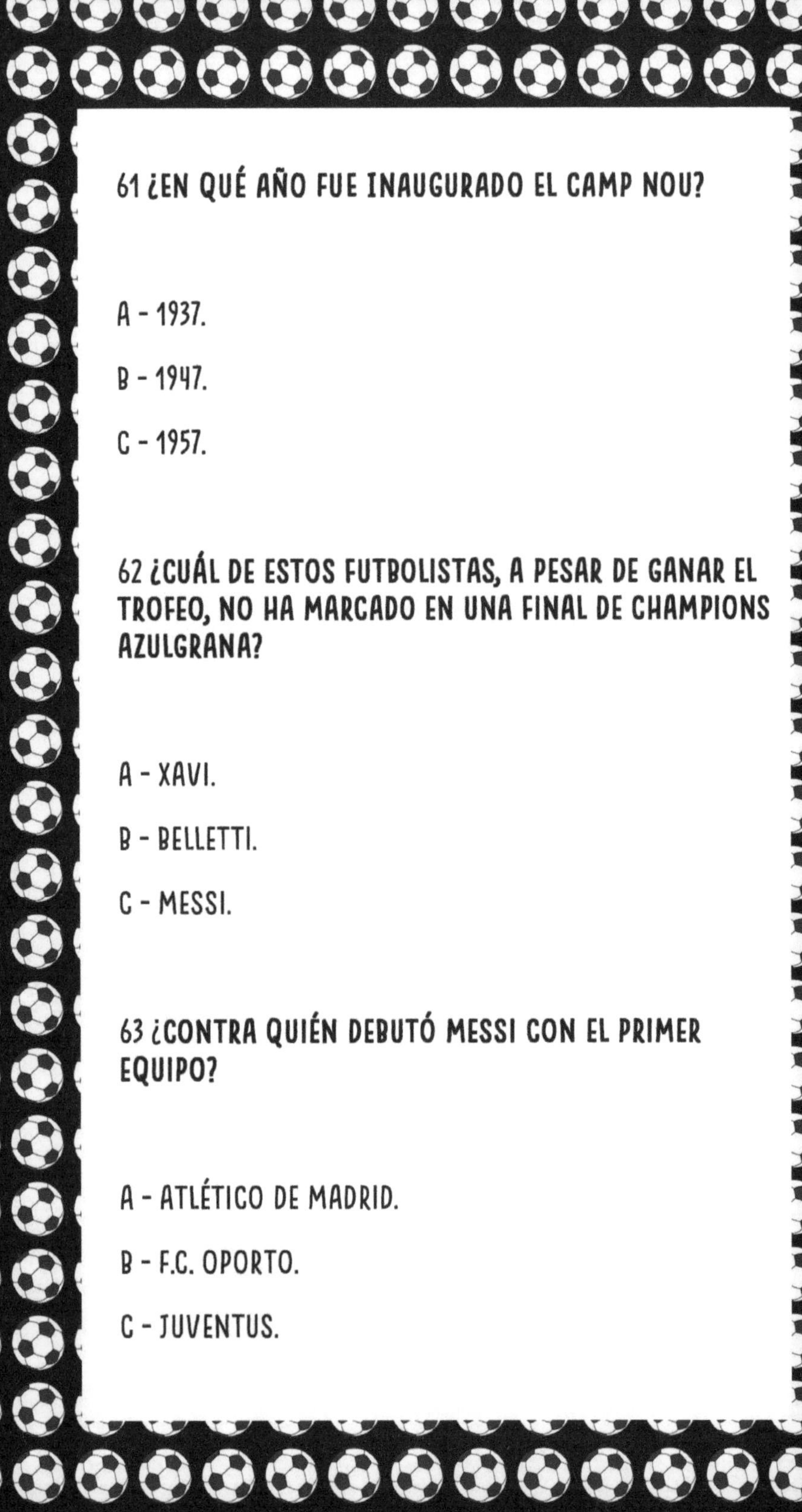

61 ¿EN QUÉ AÑO FUE INAUGURADO EL CAMP NOU?

A – 1937.

B – 1947.

C – 1957.

62 ¿CUÁL DE ESTOS FUTBOLISTAS, A PESAR DE GANAR EL TROFEO, NO HA MARCADO EN UNA FINAL DE CHAMPIONS AZULGRANA?

A – XAVI.

B – BELLETTI.

C – MESSI.

63 ¿CONTRA QUIÉN DEBUTÓ MESSI CON EL PRIMER EQUIPO?

A – ATLÉTICO DE MADRID.

B – F.C. OPORTO.

C – JUVENTUS.

64 ¿CUÁL DE ESTOS RÉCORDS ALCANZÓ ANTES ANSU FATI CON EL PRIMER EQUIPO?

A - FUTBOLISTA MÁS JOVEN EN MARCAR Y ASISTIR EN UN MISMO PARTIDO EN LA HISTORIA DE LA LIGA.

B - FUTBOLISTA MÁS JOVEN DE LA HISTORIA DEL BARÇA EN JUGAR LA CHAMPIONS.

C - JUGADOR MÁS JOVEN EN MARCAR CON EL BARÇA EN LA LIGA .

65 ¿CUÁNTOS DORSALES HA LLEVADO JORDI ALBA COMO AZULGRANA?

A - 1.

B - 3.

C - 2.

66 EL PRIMER ESTADIO DEL BARCELONA SE LLAMÓ EL CAMPO DE LES CORTS.

A - VERDADERO.

B - FALSO.

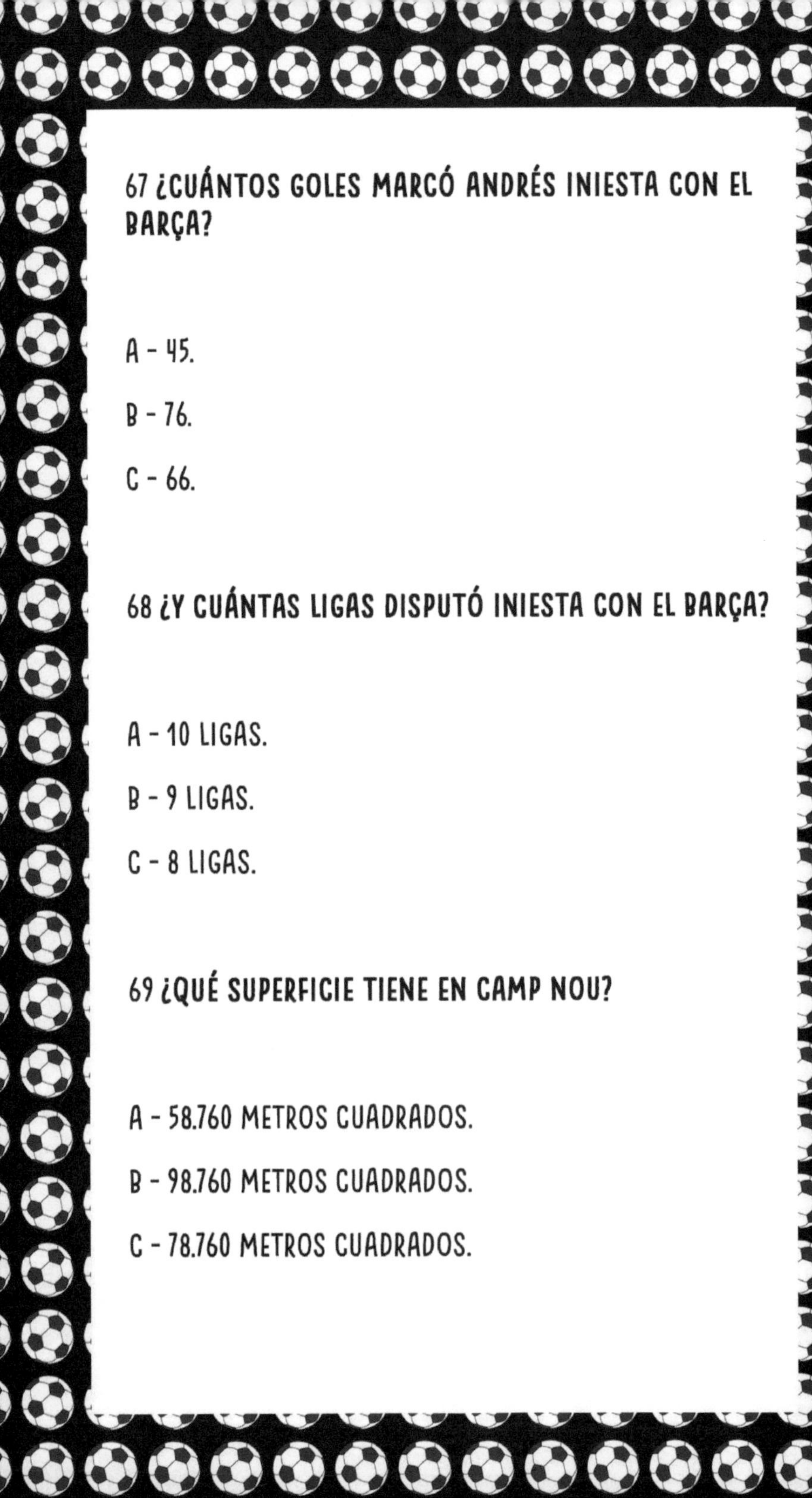

67 ¿CUÁNTOS GOLES MARCÓ ANDRÉS INIESTA CON EL BARÇA?

A – 45.

B – 76.

C – 66.

68 ¿Y CUÁNTAS LIGAS DISPUTÓ INIESTA CON EL BARÇA?

A – 10 LIGAS.

B – 9 LIGAS.

C – 8 LIGAS.

69 ¿QUÉ SUPERFICIE TIENE EN CAMP NOU?

A – 58.760 METROS CUADRADOS.

B – 98.760 METROS CUADRADOS.

C – 78.760 METROS CUADRADOS.

70 ¿EN QUÉ AÑO FINALIZÓ LA ETAPA DE GUARDIOLA COMO ENTRENADOR?

A – 2011.

B – 2010.

C – 2012.

71 ¿CONTRA QUIÉN JUGÓ LA FINAL EL BARÇA CUANDO GANÓ SU CUARTA COPA DE EUROPA EN 2011?

A – JUVENTUS.

B – MANCHESTER UNITED.

C – MILAN.

72 ¿Y CUÁL FUE EL RESULTADO DE ESE PARTIDO?

A – 1-0.

B – 2-1.

C – 3-1.

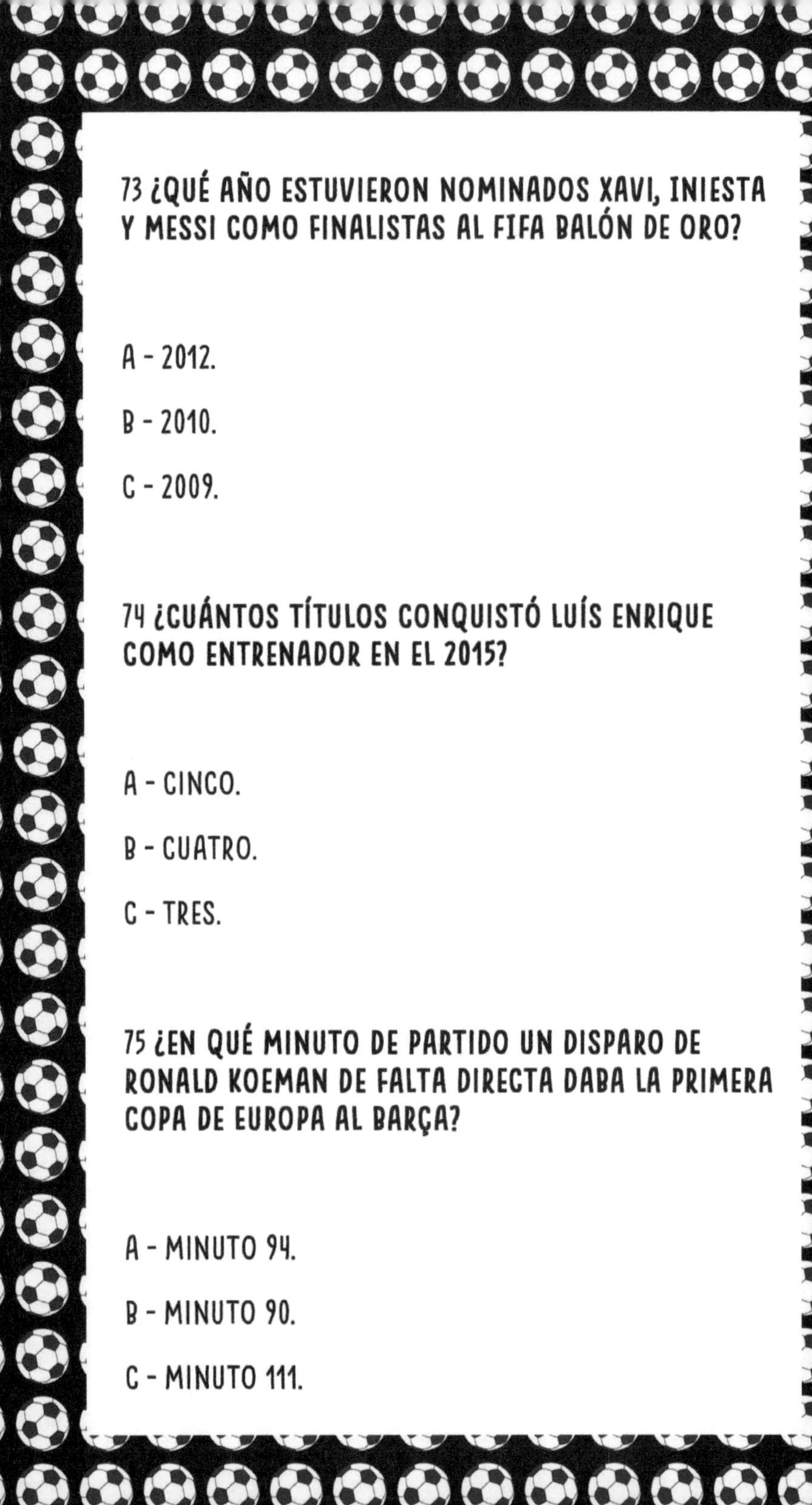

73 ¿QUÉ AÑO ESTUVIERON NOMINADOS XAVI, INIESTA Y MESSI COMO FINALISTAS AL FIFA BALÓN DE ORO?

A – 2012.

B – 2010.

C – 2009.

74 ¿CUÁNTOS TÍTULOS CONQUISTÓ LUÍS ENRIQUE COMO ENTRENADOR EN EL 2015?

A – CINCO.

B – CUATRO.

C – TRES.

75 ¿EN QUÉ MINUTO DE PARTIDO UN DISPARO DE RONALD KOEMAN DE FALTA DIRECTA DABA LA PRIMERA COPA DE EUROPA AL BARÇA?

A – MINUTO 94.

B – MINUTO 90.

C – MINUTO 111.

76 ¿QUÉ CAPACIDAD TIENE EL CAMP NOU?

A - 99.354 PERSONAS.

B - 199.354 PERSONAS.

C - 109.354 PERSONAS.

77 ¿CÓMO SE LE CONOCÍA POPULARMENTE AL JUGADOR JOSEP SAMITIER?

A - HOMBRE RANA.

B - HOMBRE LANGOSTA.

C - HOMBRE BALA.

78 ¿A QUIÉN DERROTÓ EL BARÇA EN LA FINAL DE LA COPA DEL REY DEL AÑO 1928?

A - REAL MADRID.

B - ATLÉTICO DE BILBAO.

C - REAL SOCIEDAD.

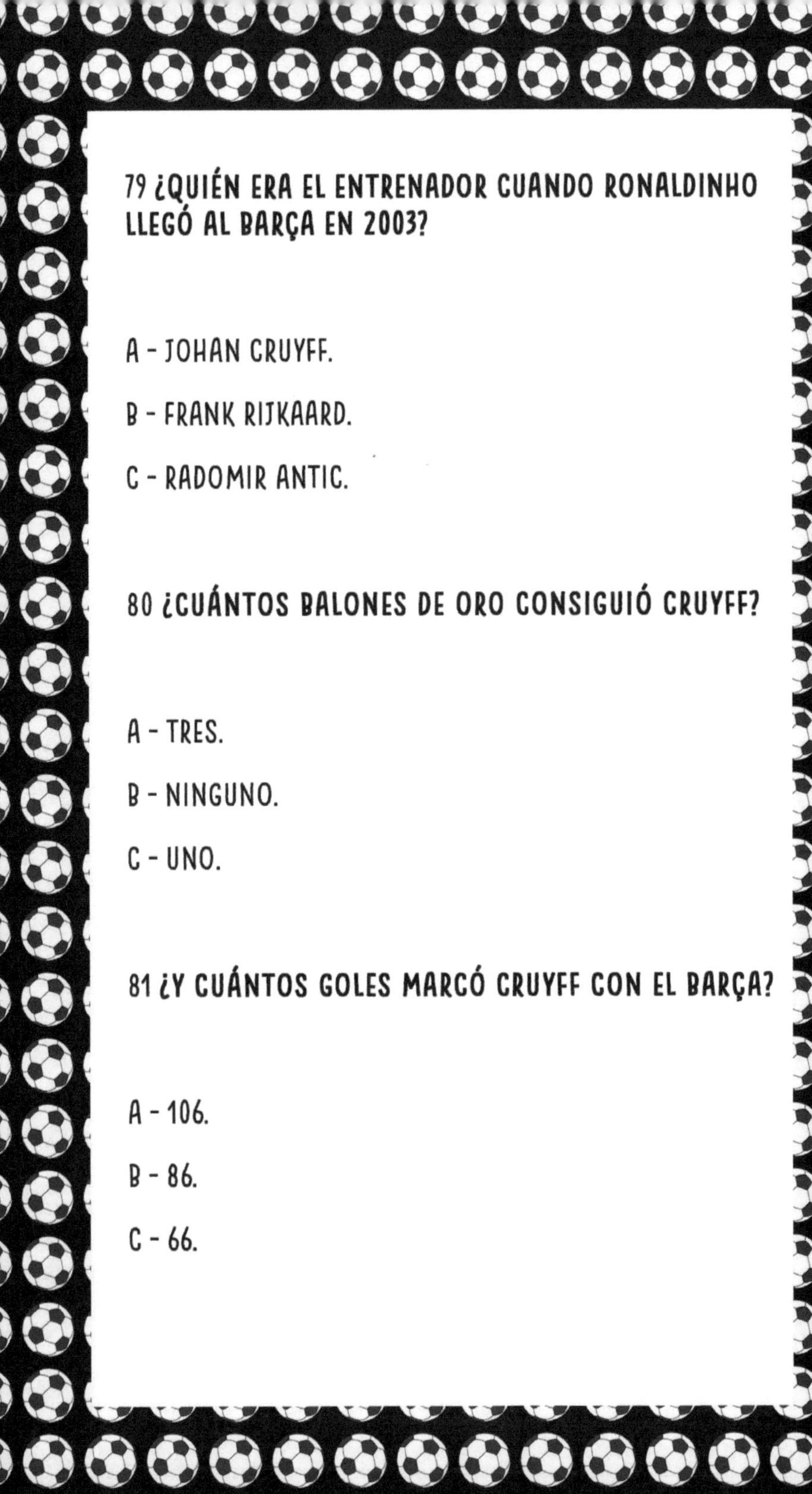

79 ¿QUIÉN ERA EL ENTRENADOR CUANDO RONALDINHO LLEGÓ AL BARÇA EN 2003?

A - JOHAN CRUYFF.

B - FRANK RIJKAARD.

C - RADOMIR ANTIC.

80 ¿CUÁNTOS BALONES DE ORO CONSIGUIÓ CRUYFF?

A - TRES.

B - NINGUNO.

C - UNO.

81 ¿Y CUÁNTOS GOLES MARCÓ CRUYFF CON EL BARÇA?

A - 106.

B - 86.

C - 66.

82 ¿CONTRA QUÉ EQUIPO MARCÓ RONALDIHNO UN GOL PRODIGIOSO EN SU DEBUT EN LIGA EN EL CAMP NOU?

A - SEVILLA.

B - BETIS.

C - REAL MADRID.

83 ¿EN QUÉ AÑO SE COMPUSO EL "CANTO DEL BARÇA"?

A - 1909.

B - 1974.

C - 1990.

84 ¿CÓMO ERA CONOCIDO POPULARMENTE RAMÓN TORRALBA LARRAZ DEBIDO A SU LARGA TRAYECTORIA BARCELONISTA?

A - LA VIEJA.

B - EL ANCIANO.

C - EL DINOSAURIO.

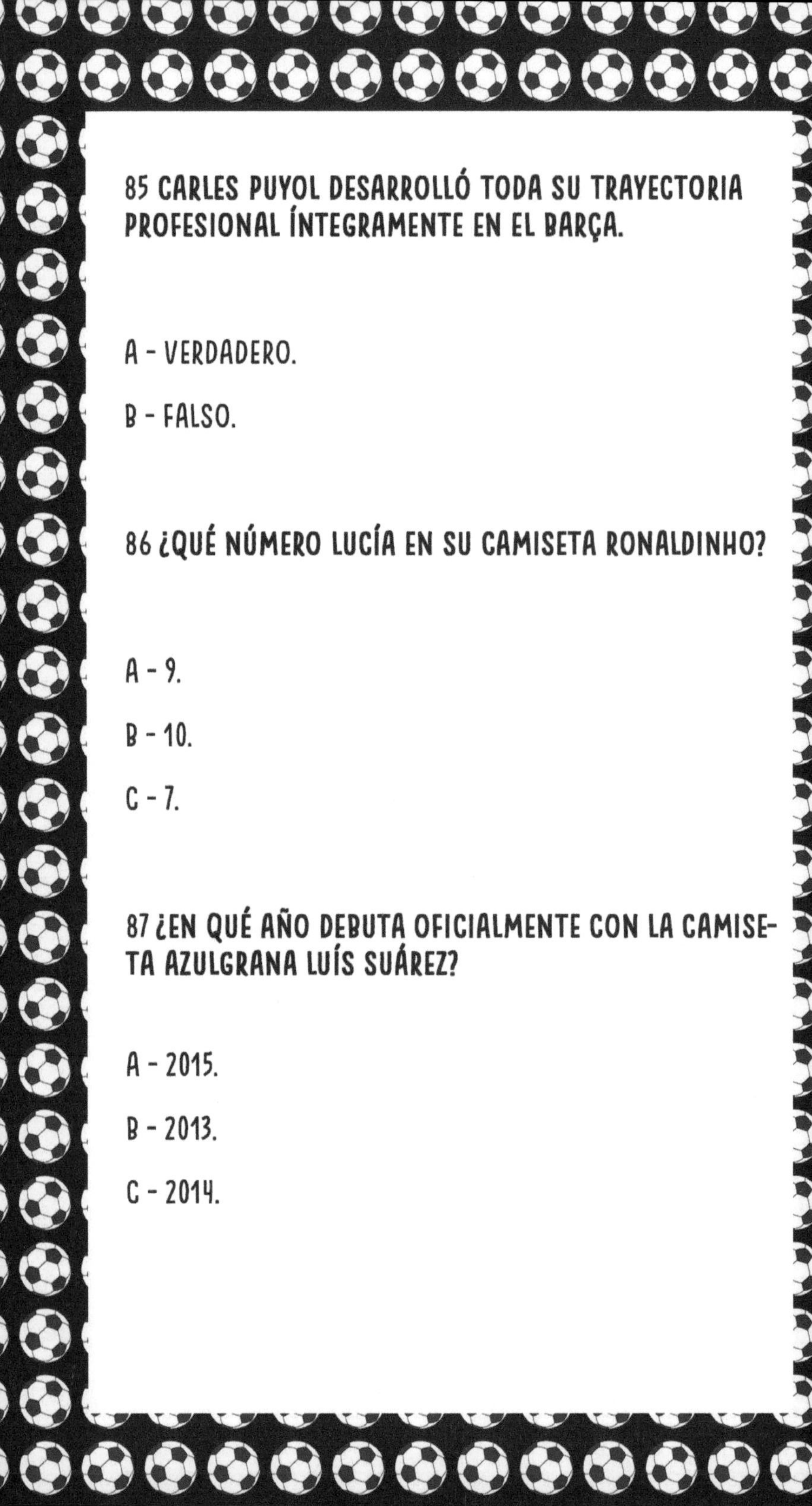

85 CARLES PUYOL DESARROLLÓ TODA SU TRAYECTORIA PROFESIONAL ÍNTEGRAMENTE EN EL BARÇA.

A - VERDADERO.

B - FALSO.

86 ¿QUÉ NÚMERO LUCÍA EN SU CAMISETA RONALDINHO?

A - 9.

B - 10.

C - 7.

87 ¿EN QUÉ AÑO DEBUTA OFICIALMENTE CON LA CAMISE-TA AZULGRANA LUÍS SUÁREZ?

A - 2015.

B - 2013.

C - 2014.

88 ¿EN QUÉ MINUTO SE ROMPE EL EMPATE QUE PERMITE LA CONSECUCIÓN DEL SEGUNDO TRIPLETE EN LA HISTORIA DEL CLUB EN LA FINAL DE LA CHAMPIONS LEAGUE DE BERLÍN?

A - MINUTO 90.

B - MINUTO 67.

C - MINUTO 91.

89 ¿HA CONSEGUIDO LUÍS SUÁREZ GANAR ALGUNA BOTA DE ORO?

A - NO.

B - SÍ, DOS.

C - SÍ, UNA.

90 ¿EN QUÉ POSICIÓN JUGABA PATRICK STEPHAN KLUIVERT?

A - DEFENSA.

B - DELANTERO.

C - CENTROCAMPISTA.

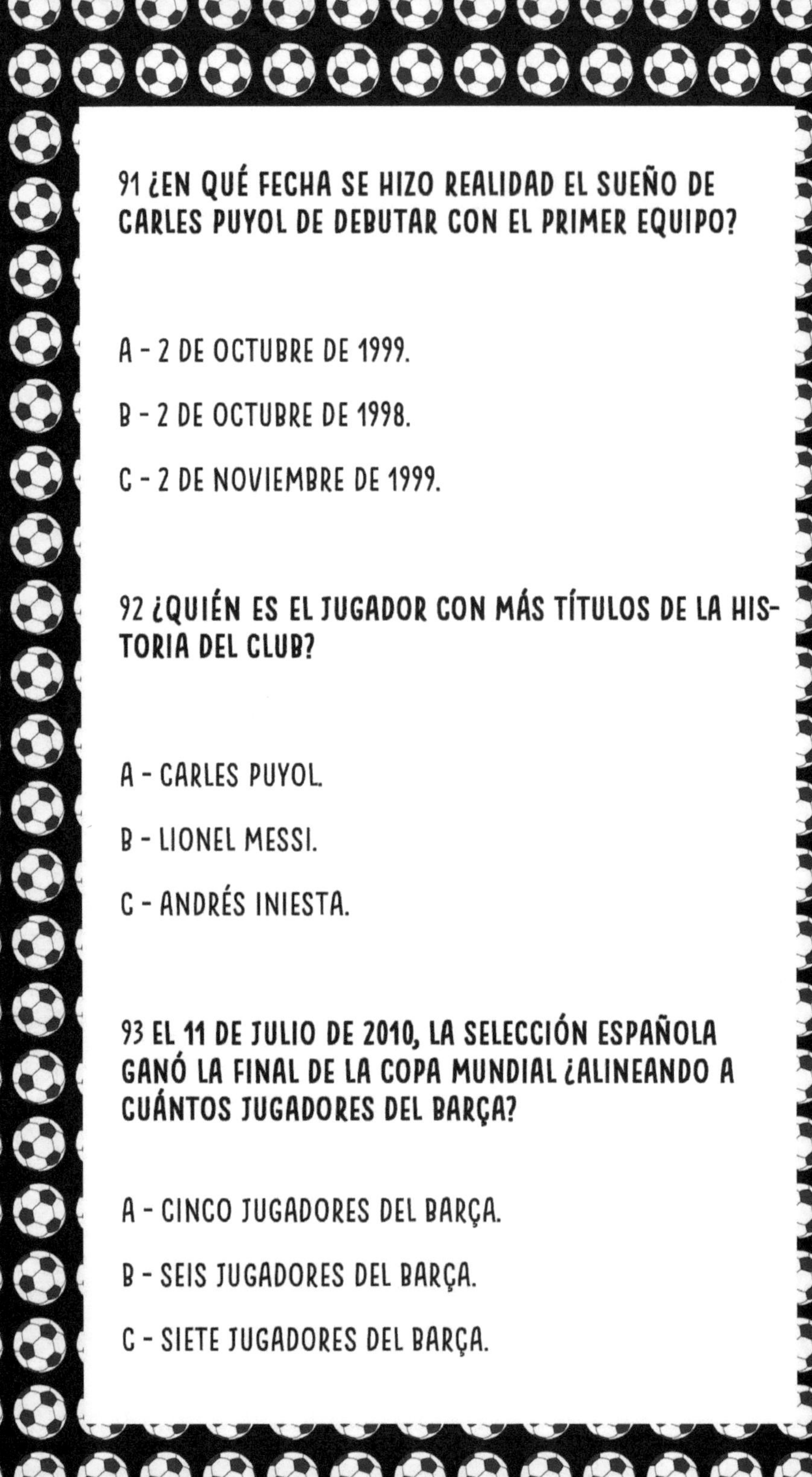

91 ¿EN QUÉ FECHA SE HIZO REALIDAD EL SUEÑO DE CARLES PUYOL DE DEBUTAR CON EL PRIMER EQUIPO?

A – 2 DE OCTUBRE DE 1999.

B – 2 DE OCTUBRE DE 1998.

C – 2 DE NOVIEMBRE DE 1999.

92 ¿QUIÉN ES EL JUGADOR CON MÁS TÍTULOS DE LA HISTORIA DEL CLUB?

A – CARLES PUYOL.

B – LIONEL MESSI.

C – ANDRÉS INIESTA.

93 EL 11 DE JULIO DE 2010, LA SELECCIÓN ESPAÑOLA GANÓ LA FINAL DE LA COPA MUNDIAL ¿ALINEANDO A CUÁNTOS JUGADORES DEL BARÇA?

A – CINCO JUGADORES DEL BARÇA.

B – SEIS JUGADORES DEL BARÇA.

C – SIETE JUGADORES DEL BARÇA.

94 ¿CUÁNTAS VECES HA SIDO PICHICHI DE LA LIGA ESPAÑOLA MESSI? (A FECHA 2023)

A – OCHO.

B – SEIS.

C – NUEVE.

95 ¿A QUÉ EDAD CRUZA EL ATLÁNTICO MESSI PARA PROBAR SUERTE EN EL FC BARCELONA?

A – CON 11 AÑOS.

B – CON 13 AÑOS.

C – CON 9 AÑOS.

96 EL PRIMER PRESIDENTE DEL BARÇA SE LLAMÓ WALTER WILD.

A – VERDADERO.

B – FALSO.

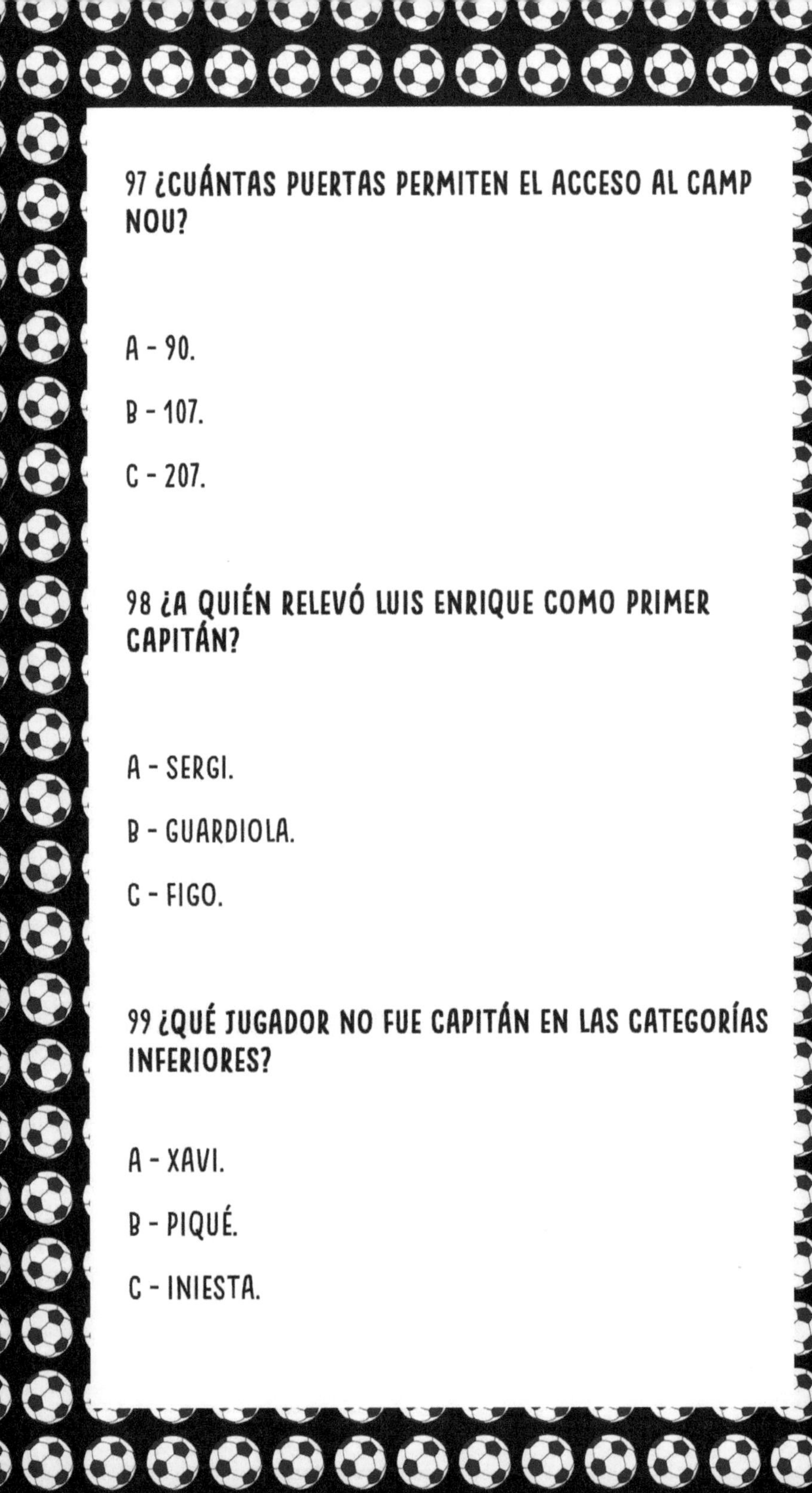

97 ¿CUÁNTAS PUERTAS PERMITEN EL ACCESO AL CAMP NOU?

A – 90.

B – 107.

C – 207.

98 ¿A QUIÉN RELEVÓ LUIS ENRIQUE COMO PRIMER CAPITÁN?

A – SERGI.

B – GUARDIOLA.

C – FIGO.

99 ¿QUÉ JUGADOR NO FUE CAPITÁN EN LAS CATEGORÍAS INFERIORES?

A – XAVI.

B – PIQUÉ.

C – INIESTA.

100 ¿EN QUÉ AÑO LLEGA A LA PRESIDENCIA DEL FC BAR-CELONA SANDRO ROSELL?

A – 2010.

B – 2015.

C – 2005.

101 ¿CUÁL ERA EL DORSAL DE XAVI HERNÁNDEZ?

A – EL 8.

B – EL 6.

C – EL 12.

102 MIGUELI FUE UNO DE LOS HOMBRES QUE MÁS VECES DEFENDIÓ LA CAMISETA AZULGRANA ¿CUÁNTAS VECES FUERON?

A – 500.

B – 320.

C – 668.

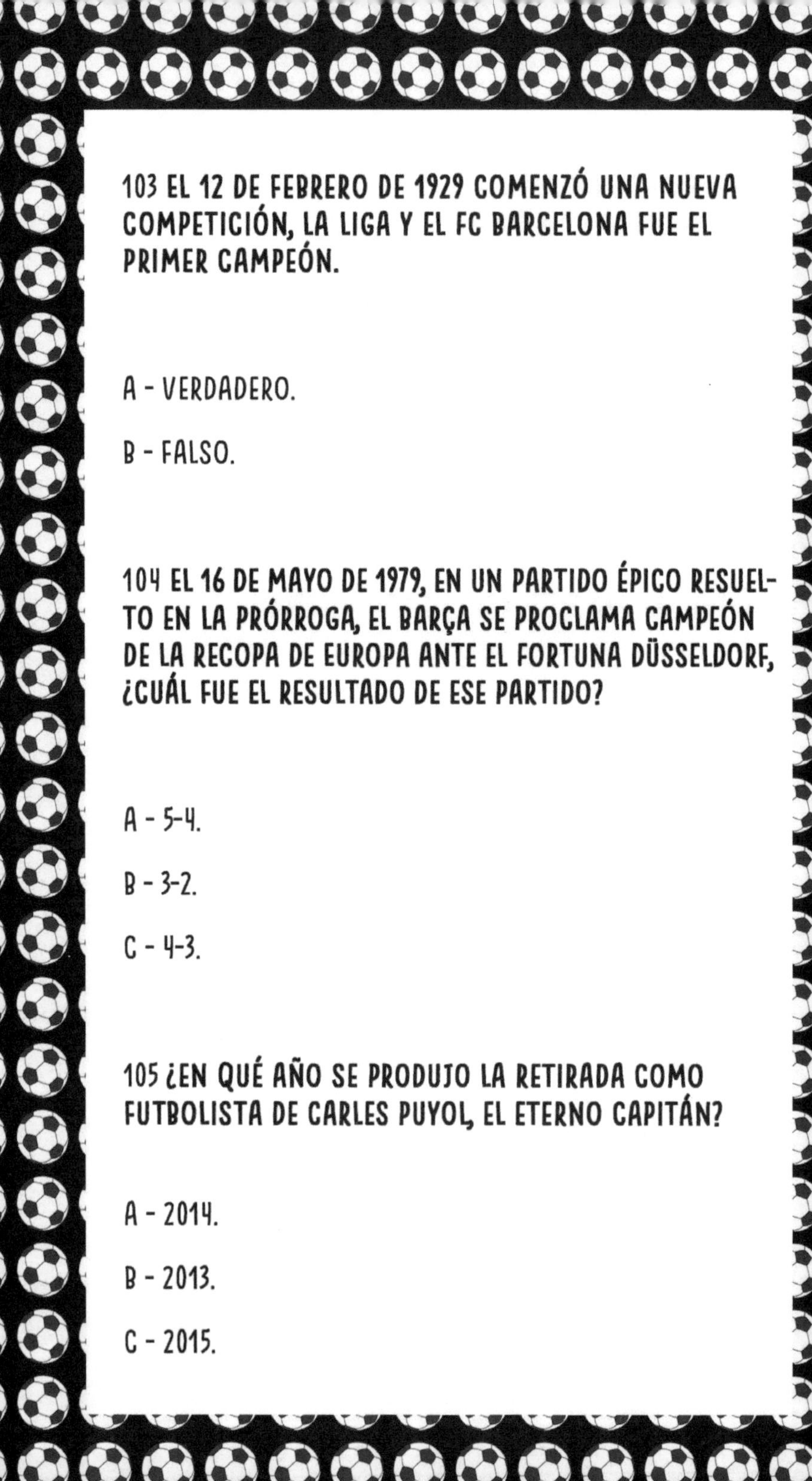

103 EL 12 DE FEBRERO DE 1929 COMENZÓ UNA NUEVA COMPETICIÓN, LA LIGA Y EL FC BARCELONA FUE EL PRIMER CAMPEÓN.

A - VERDADERO.

B - FALSO.

104 EL 16 DE MAYO DE 1979, EN UN PARTIDO ÉPICO RESUELTO EN LA PRÓRROGA, EL BARÇA SE PROCLAMA CAMPEÓN DE LA RECOPA DE EUROPA ANTE EL FORTUNA DÜSSELDORF, ¿CUÁL FUE EL RESULTADO DE ESE PARTIDO?

A - 5-4.

B - 3-2.

C - 4-3.

105 ¿EN QUÉ AÑO SE PRODUJO LA RETIRADA COMO FUTBOLISTA DE CARLES PUYOL, EL ETERNO CAPITÁN?

A - 2014.

B - 2013.

C - 2015.

106 ¿QUIÉN FUE CALIFICADO COMO "EL ATACANTE PER-
FECTO" POR LOUIS VAN GAAL?

A - RONALDINHO.

B - KLUIVERT.

C - ROMARIO.

107 SIENDO CRUYFF ENTRENADOR DEL BARÇA SE ENCA-
DENARON CUATRO LIGAS SEGUIDAS ¿QUÉ AÑOS
FUERON?

A - 1993, 1994, 1995 Y 1996.

B - 1992, 1993, 1994 Y 1995.

C - 1991, 1992, 1993 Y 1994.

108 ¿DÓNDE SE REÚNEN LOS AFICIONADOS PARA CELE-
BRAR LOS TRIUNFOS AZULGRANAS?

A - FRENTE AL CAMP NOU.

B - FUENTE DE CANALETAS.

C - PLAZA DE CATALUÑA

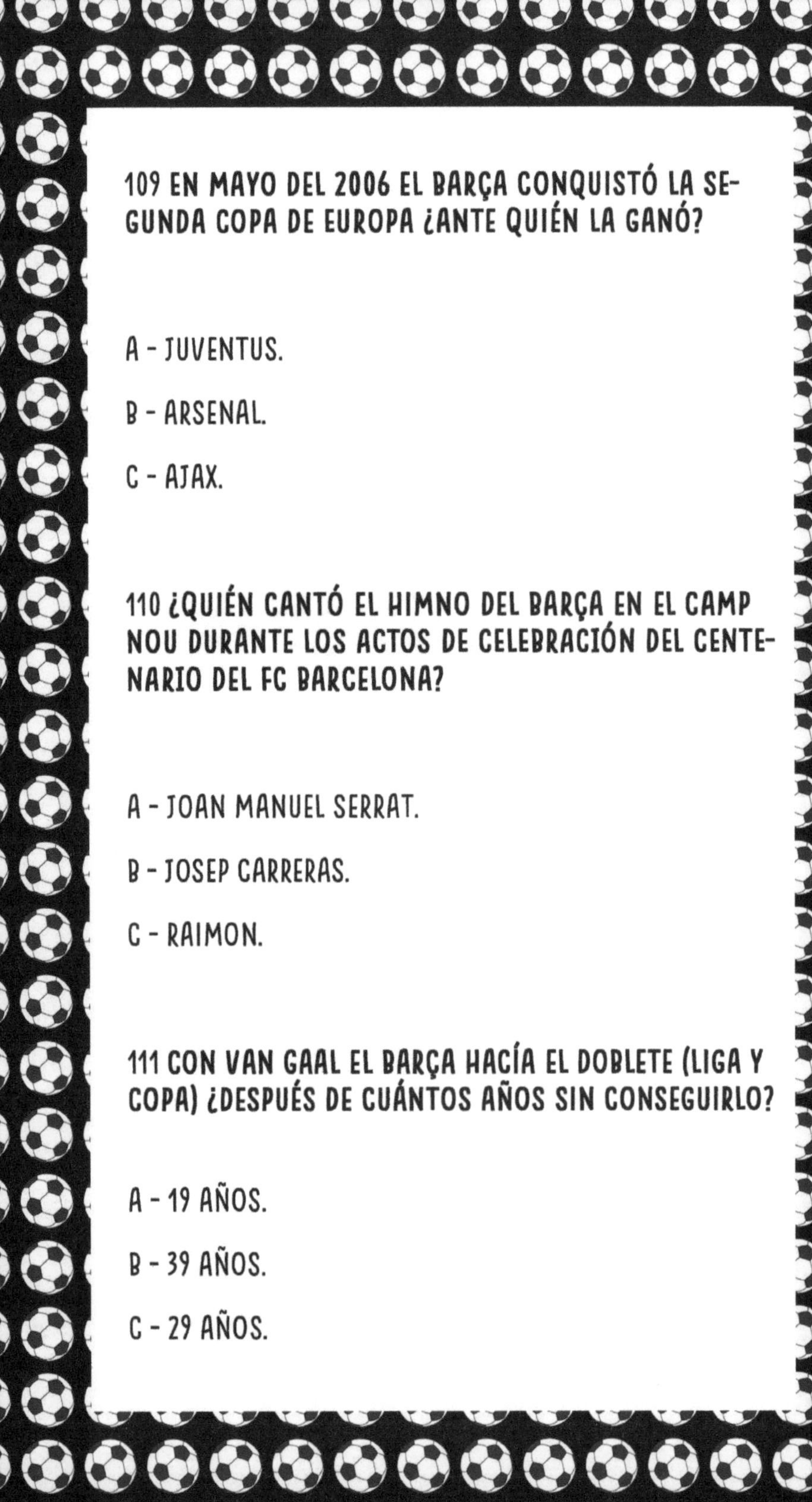

109 EN MAYO DEL 2006 EL BARÇA CONQUISTÓ LA SE-
GUNDA COPA DE EUROPA ¿ANTE QUIÉN LA GANÓ?

A - JUVENTUS.

B - ARSENAL.

C - AJAX.

110 ¿QUIÉN CANTÓ EL HIMNO DEL BARÇA EN EL CAMP
NOU DURANTE LOS ACTOS DE CELEBRACIÓN DEL CENTE-
NARIO DEL FC BARCELONA?

A - JOAN MANUEL SERRAT.

B - JOSEP CARRERAS.

C - RAIMON.

111 CON VAN GAAL EL BARÇA HACÍA EL DOBLETE (LIGA Y
COPA) ¿DESPUÉS DE CUÁNTOS AÑOS SIN CONSEGUIRLO?

A - 19 AÑOS.

B - 39 AÑOS.

C - 29 AÑOS.

112 ¿QUIÉN ESTABA EN EL BANQUILLO CUANDO VÍCTOR VALDÉS DEBUTÓ EN PRIMERA DIVISIÓN CON EL CONJUNTO BLAUGRANA?

A - FRANK RIJKAARD.

B - GUARDIOLA.

C - LOUIS VAN GAL.

113 EL 1 DE MARZO DE 1981, ENRIQUE CASTRO QUINI, FUE SECUESTRADO EN LA PUERTA DE SU CASA. ¿CUÁNTO TIEMPO DURÓ SU CAUTIVERIO?

A - 90 DÍAS.

B - 25 DÍAS.

C - 15 DÍAS.

114 ¿CUÁL ES EL LUGAR DE NACIMIENTO DE SERGI BUSQUETS?

A - SABADELL.

B - TARRASA.

C - BADALONA.

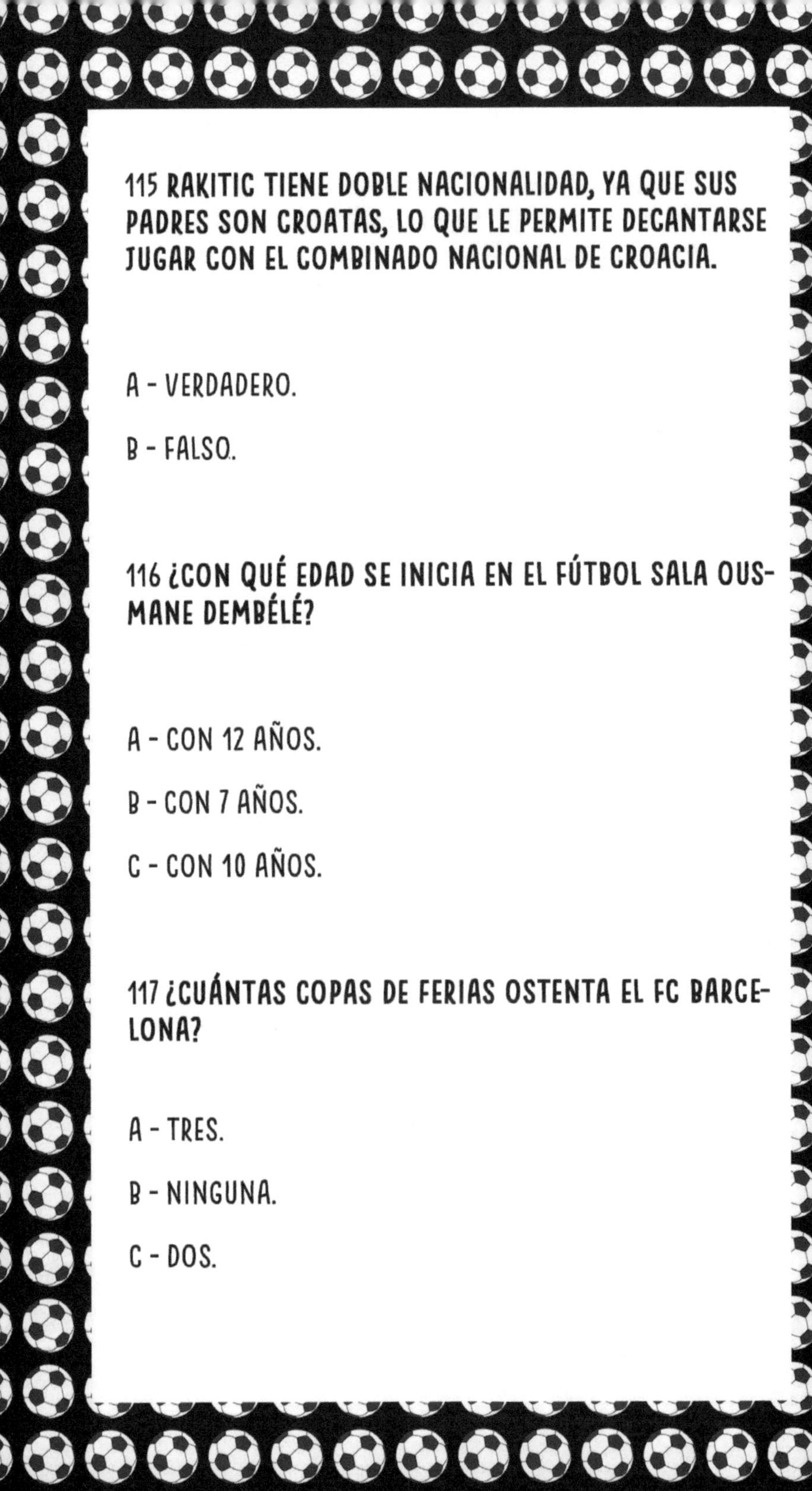

115 RAKITIC TIENE DOBLE NACIONALIDAD, YA QUE SUS PADRES SON CROATAS, LO QUE LE PERMITE DECANTARSE JUGAR CON EL COMBINADO NACIONAL DE CROACIA.

A - VERDADERO.

B - FALSO.

116 ¿CON QUÉ EDAD SE INICIA EN EL FÚTBOL SALA OUSMANE DEMBÉLÉ?

A - CON 12 AÑOS.

B - CON 7 AÑOS.

C - CON 10 AÑOS.

117 ¿CUÁNTAS COPAS DE FERIAS OSTENTA EL FC BARCELONA?

A - TRES.

B - NINGUNA.

C - DOS.

118 ¿EN QUÉ TEMPORADA GANÓ EL BARÇA LA PRIMERA
SUPERCOPA DE EUROPA?

A - 1990-91.

B - 1992-93.

C - 1982-83.

119 ¿DE QUÉ EQUIPO LLEGÓ PROCEDENTE RONALDO LUIZ
NAZARIO CUANDO INGRESÓ EN EL BARÇA EN 1996?

A - PSV EINDHOVEN.

B - JUVENTUS.

C - REAL MADRID.

120 ¿EN QUÉ ESTADIO MARCÓ ANDRÉS INIESTA SU GOL
IN EXTREMIS CON EL QUE CLASIFICÓ AL BARÇA PARA LA
FINAL DE LA CHAMPIONS 2008/09?

A - OLD TRAFFORD.

B - ST JAMES' PARK.

C - STAMFORD BRIDGE.

SOLUCIONES:

1: B – 1899.

2: A – 3-2.

3: B – MICHAEL Y BRIAN LAUDRUP.

4: C – RONALD KOEMAN.

5: B – UNA SERVILLETA.

6: A – 24 DE JUNIO DE 1987.

7: A – UNA EMPRESA LOCAL LLAMADA MEYBA.

8: C – 7.

9: B – BLANCO.

10: A – SEGARRA.

11: C – LUÍS ENRIQUE.

12: A – NO HABÍA NACIDO.

13: B – 14.

14: A – 16 AÑOS.

15: B – CRUYFF.

16: C – HANS GAMPER.

17: A – BUSQUETS.

18: C – SAMUEL ETO'O.

SOLUCIONES:

19: B - ZUBIZARRETA.

20: A - CRUYFF Y BENITO FLORO.

21: B - PELÉ.

22: B - MÁS QUE UN CLUB.

23: A - XAVI.

24: C - CDNA SOFIA.

25: A - AJAX.

26: B - PUYOL.

27: C - RIFÉ.

28: B - 3.

29: B - 11 JUGADORES.

30: A - 31.

31: A - 1984.

32: C - GUARDIOLA.

33: A - FERNANDO NAVARRO.

34: A - 2012.

35: C - ANTONI RAMALLETS.

36: B - 1966.

SOLUCIONES:

37: C – MESSI.

38: A – 6 AÑOS.

39: C – CINCO.

40: A – VERTICALES.

41: B – 2-6.

42: C – URUGUAY.

43: B – UN MURCIÉLAGO.

44: C – CINCO.

45: B – 1988.

46: A – HELENIO HERRERA.

47: B – PARÍS.

48: A – POR 2-1.

49: B – 17 TEMPORADAS.

50: A – EN EL VERANO DE 2015.

51: C – 593.

52: C – EL DIVINO.

53: B – CINCO.

54: A – EN EL AÑO 1950.

SOLUCIONES:

55: A – ZALDÚA.

56: C – ZUBIZARRETA.

57: B – 50.

58: A – 20 DE MAYO DE 1922.

59: B – TARZÁN.

60: A – LA PULGA.

61: C – 1957.

62: A – XAVI.

63: B – F.C. OPORTO.

64: C – JUGADOR MÁS JOVEN EN MARCAR CON EL BARÇA EN LA LIGA .

65: A – 1.

66: A – VERDADERO.

67: C – 66.

68: B – 9 LIGAS.

69: A – 58.760 METROS CUADRADOS.

70: C – 2012.

71: B – MANCHESTER UNITED.

72: C – 3-1.

SOLUCIONES:

73: B – 2010.

74: A – CINCO.

75: C – MINUTO 111.

76: A – 99.354 PERSONAS.

77: B – HOMBRE LANGOSTA.

78: C – REAL SOCIEDAD.

79: B – FRANK RIJKAARD.

80: A – TRES.

81: B – 86.

82: A – SEVILLA.

83: B – 1974.

84: A – LA VIEJA.

85: A – VERDADERO.

86: B – 10.

87: C – 2014.

88: B – MINUTO 67.

89: C – SÍ, UNA.

90: B – DELANTERO.

SOLUCIONES:

91: A - 2 DE OCTUBRE DE 1999.

92: B - LIONEL MESSI.

93: C - SIETE JUGADORES DEL BARÇA.

94: A - OCHO.

95: B - CON 13 AÑOS.

96: A - VERDADERO.

97: B - 107.

98: A - SERGI.

99: B - PIQUÉ.

100: A - 2010.

101: B - EL 6.

102: C - 668.

103: A - VERDADERO.

104: C - 4-3.

105: A - 2014.

106: B - KLUIVERT.

107: C - 1991, 1992, 1993 Y 1994.

108: B - FUENTE DE CANALETAS.

SOLUCIONES:

109: B - ARSENAL.

110: A - JOAN MANUEL SERRAT.

111: B - 39 AÑOS.

112: C - LOUIS VAN GAL.

113: B - 25 DÍAS.

114: A - SABADELL.

115: A - VERDADERO.

116: B - CON 7 AÑOS.

117: A - TRES.

118: B - 1992-93.

119: A - PSV EINDHOVEN.

120: C - STAMFORD BRIDGE.

PUNTUACIONES:

JUGADOR 1:

JUGADOR 2:

JUGADOR 3:

JUGADOR 4:

¿CUÁNTO SABES DEL BARCELONA?